# UN DÉPUTÉ

## DOIT-IL ACCEPTER DES PLACES?

PAR EUSÈBE SALVERTE,
DU DÉPARTEMENT DE L'AUBE.

*Aut ob avaritiam, aut miserâ ambitione laborat.*
(HORAT. Sermon., lib. 1, sat. IV, vers. 26.)

---

## PARIS.

BAUDOUIN FRÈRES, IMPRIMEURS-LIBRAIRES,
RUE DE VAUGIRARD, N° 36.

NOVEMBRE 1820.

ON TROUVE AUSSI,

Chez les mêmes Libraires,

# L'ÉTAT DE LA QUESTION.

### LETTRE A UN ÉLECTEUR.

*Par le même Auteur.* — Octobre 1820.

# UN DÉPUTÉ

## DOIT-IL ACCEPTER DES PLACES ?

I. La liberté est ombrageuse. On doit peu s'en étonner ; elle a plus souvent été opprimée par la trahison et les désertions que par la force. Une attaque ouverte provoque la résistance : mais comment me défendre de l'homme investi de ma confiance, et qui, faible ou avide, vend mes intérêts ou les abandonne ? Le gouvernement le meilleur ne suffit point pour me rassurer, car une défiance salutaire peut seule garantir la durée de sa perfection.

A la question souvent élevée s'il convient que les membres électifs de la législature acceptent des places à la nomination du gouvernement, ce principe de défiance nous dicte une réponse négative. Nous révoquerons même en doute s'il est bon d'appeler un fonctionnaire public à l'honneur de la députation. Non, certes, que nous ignorions combien il est désirable que l'expérience acquise dans l'administration éclaire les conceptions du législateur : mais quelque précieux que soit cet avantage, nous hésitons à l'acheter par un sacrifice qui peut compromettre un plus grand intérêt politique.

Un article de la constitution de 1791 défendait aux députés d'accepter une place avant qu'un an se fût écoulé depuis leur sortie du sanctuaire législatif : pourquoi n'a-t-il pas subsisté dans tous les actes constitutionnels ? pourquoi l'a-t-on regardé comme une *exagération* ? c'est, je pense, parce qu'en 1791, on l'étaya surtout des argumens qu'avec trop de vraisemblance on tirait de l'opposition présumée du gouvernement aux principes de la liberté et aux intérêts nationaux. C'était n'embrasser qu'une des faces de la question ? Oui, sans doute, répondait-on, si l'on suppose, sous un régime représentatif, un gouvernement qui tende à renverser la constitution et à y substituer le pouvoir arbitraire. L'homme honnête, soit qu'il croie la monarchie absolue de droit divin, soit que la monarchie constitutionnelle lui semble plus conforme à la justice et aux intérêts de la société, l'homme honnête refusera de cumuler, avec une place dépendante du gouvernement, une place de député du peuple ; il assimilerait cette double

fonction au rôle d'un espion double , infâme
entre deux peuples qui se font la guerre , plus
infâme mille fois entre deux partis qui divi-
sent une nation. Mais raisonnons dans la sup-
position contraire. Elle nous offre un gouvernement que la raison , ainsi que la justice ,
maintient invariable dans la ligne constitutionnelle. Jaloux de l'honneur national , il
punit, avant ses propres injures , les insultes
faites à la nation. Ami des lumières, sans le
secours desquelles les meilleures institutions
restent impuissantes , il respecte , il provoque
la libre émission de la pensée ; il supporte la
contradiction , il l'écoute ; il sait que la contradiction seule révèle toute la vérité. Organe
respectueux des lois , il veut que chaque fonctionnaire les exécute , et ne s'arroge pas le
droit de les interpréter ou de suppléer à leur
silence. En devenant fonctionnaire , le député
du peuple ne croit point changer de mission :
il sait d'avance que l'impulsion du gouvernement secondera toujours , loin de la contrarier , l'impulsion de sa conscience.

II. L'esprit qui dirige le Gouvernement est
sans doute l'élément le plus important du problème ; mais ce n'est point le seul. On doit
encore considérer le rapport numérique exis-

tant entre la population de l'Etat et le corps destiné à la représenter.

La nature des fonctions publiques, les devoirs qu'elles imposent, l'assiduité qu'elles exigent;

Le salaire qui y est attaché, la carrière plus ou moins brillante dont elles ouvrent l'entrée.

Pour raisonner avec plus d'impartialité, examinons d'abord, sous ces trois points de vue, un corps politique tout-à-fait différent du nôtre.

A Genève, le nombre des électeurs (1) forme la vingt-deuxième partie du nombre des habitans. Le conseil représentatif, composé de 240 membres (2), est à la population comme un à cent quatre-vingts. L'élection populaire (3) le renouvelle tous les ans par huitième, et les députés sortans ne redeviennent éligibles qu'après un an d'intervalle. Cette ro-

--------

(1) Ce nombre devrait être plus considérable : on se plaint du peu d'empressement des citoyens à se faire porter sur les listes électorales. Pour y être inscrit, il suffit de payer *vingt-cinq florins* (douze francs) de contributions.

(2) Non compris les vingt-cinq membres du Gouvernement, élus à vie.

(3) Voyez la note suivante.

tation doit y appeler bientôt tous les citoyens éligibles que n'en éloignent point l'âge, les infirmités, le défaut d'instruction ou des occupations trop impérieuses. Il serait absurde d'exclure ces mêmes hommes des places restées à la nomination du Gouvernement, car alors, qui les remplirait ?

Les affaires sont simples et peu nombreuses; un temps borné suffit à leur expédition. Un membre du conseil représentatif peut suivre avec assiduité les travaux de la législature sans nuire à l'exercice des fonctions publiques dont il est revêtu.

Entouré des regards du peuple, le Gouvernement est placé sous la surveillance de l'opinion publique, dont mille échos répètent les arrêts, et qui se prononce chaque année dans les élections, où vote une masse si considérable de citoyens. La surveillance du conseil représentatif ne peut d'ailleurs être ralentie par l'influence des places auxquelles nomme le gouvernement. Le nombre en est trop borné.

Le salaire des places est nul ou tellement modique, qu'il ne tentera jamais la cupidité. Celui qui les recherche ne s'expose donc point au danger de la corruption pécuniaire. La corruption de l'ambition n'est guère plus à redouter. Toutes les places supérieures sont électives ; et quelque influence que le gouvernement exerce sur les choix , il parviendrait difficilement à récompenser, par une nomination importante, le fonctionnaire qui , pour lui plaire, aurait sacrifié l'intérêt de l'Etat.

Enfin, le Gouvernement ne demandera jamais un tel sacrifice : son esprit est bon ; et il s'éloigne chaque jour davantage des traditions illibérales du 17ᵉ et du 18ᵉ siècle. Sans être parfaite (1), la constitution de Genève nous

---

(1) L'assemblée électorale ne fait qu'un tour de scrutin pour nommer les membres du conseil représentatif. Si le nombre des candidats qui obtiennent la majorité absolue n'égale pas celui des députés a nommer, on fait une liste de ceux qui ont eu le plus de voix au-dessous de la majorité. On les y porte en nombre double de celui des députés qui restent à élire , et que choisit sur cette liste un corps , dit le *conseil des détenteurs* , composé de cinq ou six cents membres. Il comprend tous les électeurs âgés de plus de soixante ans , les vingt-cinq membres du Gouvernement, le conseil représentatif, la compagnie des pasteurs, les professeurs de l'académie et les dizainiers. La loi qui institue ce corps a excité des réclamations. Si , en effet, elle est contraire à l'opinion publique, elle cédera bientôt à sa toute-puissance. Il dépend d'ailleurs de la majorité des électeurs d'en annuler les effets, en se concertant sur les choix qu'ils ont à faire.

paraît appelée à résoudre prochainement le problème épineux d'une bonne démocratie représentative : destinée digne de la patrie de J.-J. Rousseau.

Rien ne s'oppose, dans cette république, à ce que d'autres fonctions s'allient à celles de membres du conseil représentatif.

III. En est-il de même en France ? C'est ce qu'il importe d'examiner.

Les intentions éminemment pures et libérales du Roi sont consacrées dans un acte directement émané de sa sagesse, et devenu le *palladium* de la France constitutionnelle, LA CHARTE. Nous aimons à croire qu'elles sont respectées et partagées par les ministres, et que s'ils s'en écartent, ce ne sera jamais que par erreur. Nous n'avons donc point à discuter la question principale, sous le rapport des intentions du Gouvernement responsable : tout Français est d'ailleurs à portée de les juger.

La Chambre des députés va compter 428 membres : nombre qui est à celui des habitans de la France comme *un* à *soixante-cinq mille*(1). Le renouvellement a lieu tous les ans par cin-

---

(1) Ce rapport, avant l'augmentation du nombre des députés, était au-dessous de 1 à 108,000.

quième, et avec le droit de rééligibilité immé-
diate. Il ne s'opère point par la masse entière,
mais par un cinquième seulement des électeurs; cinquième disséminé dans des départe-
mens que ne lie aucun point de contact physique ou politique. Enfin, les électeurs forment
à peine la deux cent quatre-vingtième partie
de la population du royaume. L'importance
du vote d'un député est près de quatre cent
cinquante fois plus grande qu'à Genève, en
considérant seulement, suivant la proportion
numérique, les intérêts personnels qu'il doit
représenter. Les chances qui, à l'époque du
renouvellement, peuvent faire sortir de l'urne
des scrutins l'expression de l'opinion générale,
sont diminuées dans une proportion bien plus
forte, puisqu'il n'y a qu'un quatorze centième
de la population admis chaque année à donner
son suffrage. Enfin, il n'y a pas lieu de craindre
que les sujets capables manquent aux places :
la rotation d'un corps législatif si peu nom-
breux et indéfiniment rééligible, n'absorbera
jamais qu'une faible partie des hommes appelés
à parcourir les carrières administrative et judiciaire.

L'inconvénient inverse est, au contraire, à
redouter. On conçoit que, par plus d'une rai-

son, les places importantes se concentrent sur des hommes que le choix de leurs concitoyens présente comme l'élite de la nation. Et si l'influence du député lui a fait obtenir ou conserver sa place, l'influence de l'homme en place ne fixera-t-elle pas souvent sur les bancs législatifs le député toujours rééligible? Cette marche est naturelle; elle est indépendante des intentions louables ou perverses des hommes qu'elle maintiendra dans une double possession du pouvoir. Et il est également naturel que cette double possession, long-temps continuée, finisse par paraître un droit, et par engendrer la plus dangereuse des aristocraties, l'aristocratie des places.

Consultons l'expérience. Qu'étaient, dans l'origine, nos parlemens? des réunions d'officiers temporaires, institués par le Roi pour rendre la justice à sa suite. Grâce aux progrès de la civilisation, ils devinrent sédentaires et permanens, sans cesser d'être révocables à la volonté du prince (1). La vénalité des charges fit disparaître la révocabilité, et bientôt elle concentra presque entièrement la ma-

_______________

(1) Louis XI révoqua le chancelier même, et personne ne s'en étonna.

gistrature dans un certain nombre de familles, chez lesquelles une charge au parlement formait une partie du patrimoine. Une formalité insignifiante, celle de l'enregistrement des édits du prince, se transforma peu à peu en un droit de contrôle sur les actes de la puissance souveraine. Au défaut d'autres garanties, l'assentiment national donna à celle-là quelque valeur ; elle n'eut jamais d'autre sanction. Les parlemens n'en prétendirent pas moins au droit de remplacer les états-généraux ; ils crurent former un *ordre* dans l'État ; ils érigèrent en *loi fondamentale* leur inamovibilité ; ils contestèrent, en 1771, à un roi *absolu*, le pouvoir de les dissoudre ou même de modifier le ressort de leurs juridictions ; ils contestèrent ce pouvoir, vingt ans après, à un roi *constitutionnel* et à l'assemblée des représentans de la nation ; se croyant sans doute établis, *de droit divin*, au-dessus de la volonté du roi comme de celle du peuple. Si de telles prétentions ont pu naître dans des corps judiciaires, seulement parce que leurs charges étaient vénales, et parce qu'ils s'étaient subrepticement emparés d'une portion d'influence sur la législation, quel esprit n'animerait pas bientôt des hommes placés, par le choix du prince et l'élection du peuple, aux premiers rangs dans la législature et l'administration? Habiles à se perpétuer dans l'une et l'autre carrière, comment ne finiraient-ils point par s'y croire fixés en vertu d'une loi fondamentale et d'un droit irrévocable?

Que la nouvelle loi des élections conduise, par une pente presque inévitable à l'établissement d'une aristocratie (1), c'est ce que ne nieront pas sérieusement ses plus ardens défenseurs. La pente serait rendue deux fois plus rapide par la facilité que des députés-fonctionnaires trouveraient bientôt à se maintenir indéfiniment fonctionnaires et députés. Il ne resterait plus aux partisans de l'oligarchie qu'à substituer au renouvellement annuel d'un cinquième de la Chambre, une durée *quinquennale*. Mais le moyen de compléter leur triomphe est textuellement proscrit par la Charte; et la France dit aujourd'hui de la Charte, *Dieu me l'a donnée, malheur à qui la touche!*

Aux hommes qui oublient avec quelle facilité s'établit l'esprit aristocratique, avec

---

(1) Voyez la discussion de cette assertion, dans l'écrit intitulé, l'*État de la Question. Lettre à un Électeur* par Eusèbe Salverte.

quelle tenacité il se conserve, avec quelle force il lutte contre la justice et la raison unies pour le détruire, le danger que je signale peut paraître exagéré. Qu'ils portent donc au-dehors des regards qu'au sein de leur pays peuvent fasciner les habitudes, les préjugés, l'intérêt personnel. Qu'ils observent combien rapidement s'est élevée, combien fortement pèse aujourd'hui sur l'Angleterre, l'oligarchie ministérielle. Quel a été son principe créateur? La facilité de cumuler, et ensuite de conserver, les unes pár les autres, les places du Gouvernement et les places dans la Chambre des communes. Au bill qui rendit le parlement septennal, on en joignit un par lequel il était interdit aux membres des communes de recevoir des pensions de la cour : s'il leur eût été également défendu d'accepter des places, le bill *de septennalité* n'eût pas subsisté long-temps; ou du moins il serait difficilement devenu la base d'une prépondérance ministérielle fondée sur la corruption de la majorité du parlement.

IV. Dans une machine aussi vaste, aussi compliquée que le Gouvernement de la France, la responsabilité constitutionnelle des agens administratifs est nulle si la législature n'en poursuit pas l'effet avec une entière indépendance. Comment espérer que le fonctionnaire qui tient des ministres la place qu'il occupe , qui attend de leur mécontentement ou de leur satisfaction sa destitution ou son avancement, votera sans hésiter contre leur vœu , et pour la censure de leurs actes ou de la conduite de leurs protégés. S'il osait le faire , combien de gens le taxeraient de folie; et combien d'ingratitude ! Lui–même , avec des intentions pures , peut redouter ce dernier reproche , et ne se point croire appelé à contrarier , à accuser ses chefs et ses bienfaiteurs. Gardons-nous de lui imposer un devoir auquel répugnerait sa délicatesse.

Nous le rappellerons en même temps aux devoirs dont sa conscience lui prescrit la stricte exécution, les fonctions de sa place. Il n'est point de place importante qui permette à celui qui en est revêtu, une absence aussi longue que la nécessitera long – temps encore la durée des sessions législatives. Tout se réduit à ce dilemme : ou les affaires civiles et administratives souffrent de l'absence du député; ou le procureur-général est valablement remplacé par un avocat-général, le préfet par un conseiller de préfecture. Dans ce dernier cas, ne faudrait-il pas supprimer un rouage inutile et dispendieux?

C'est surtout en administration qu'il importe
de ne pas multiplier les êtres sans nécessité.
Si, au contraire, l'existence de la place est
démontrée indispensable, elle demande un
homme tout entier; il faut opter : le fonctionnaire, fixé à son poste, bornera son ambition
à aider de ses lumières le député indépendant;
ou s'il prétend faire valoir lui-même son expérience au profit de la chose publique, il
sacrifiera, à l'honneur de siéger au corps législatif, et la considération, et les émolumens,
et l'espoir d'avancement attachés à la place
administrative ou judiciaire.

Le sacrifice paraît pénible. Plus il l'est, et
plus l'intérêt public a droit de l'exiger. Tant
qu'il n'est point consommé, la crainte d'une
destitution peut commander un sacrifice plus
terrible, celui de la conscience.

Dans une grande monarchie, d'ailleurs, il
est difficile que les places importantes ne soient
pas richement salariées ; il est impossible que
chacune n'ouvre pas la perspective d'une place
plus brillante, jusqu'au ministère même, dans
lequel on est naturellement domine par la volonté de se maintenir, hors duquel subsiste le
désir d'y rentrer. Que de chances pour influer
sur le vote du député fonctionnaire ! Le plus,

intègre, le plus courageux, dans cette position, se défiera plus d'une fois de ses lumières : il craindra de voter légèrement en suivant sa propre opinion; trop sûr que cette opinion et le vote qu'elle amènera, pouvant servir ses intérêts particuliers, paraîtront dictés par eux, et peut-être n'en seront pas tout-à-fait indépendans.

V. Gardons-nous de craindre qu'une telle droiture de principes nuise à l'influence légitime et nécessaire du gouvernement sur la législation. Cette influence est consacrée par la Charte. L'initiative absolue des lois, le droit d'admettre ou de repousser les amendémens, la sanction royale, les avantages continuels dont jouissent dans la discussion les orateurs du gouvernement, enfin les lumières que l'on suppose volontiers chez les hommes exercés au maniement des grandes affaires, et la considération dont les environne le choix auguste du monarque; n'en est-ce donc point assez pour que les ministres, même d'un talent ordinaire, jouent un grand rôle dans les délibérations législatives? Des ministres dignes de la confiance du Roi et de celle de la nation, rejetteront tout autre moyen de puissance et surtout ceux qui ne seraient au fond qu'une corruption déguisée. On ne se confie jamais impunément aux passions basses et à l'immoralité. Le député qui vote afin d'obtenir ou de conserver une place, s'il vote une fois pour le bien, votera de même pour le mal. Immobile dans son égoïsme, les causes les plus opposées le trouveront également docile. Vérité, justice, ces mots n'ont plus de sens pour lui. Pour de viles richesses, pour ce qu'il appellera *des honneurs*, il fera et défera les lois, il vendra sa patrie à un despote ou à l'étranger (1).

Quelques écrivains ont avancé, dans ces derniers temps, que les fonctionnaires appelés à voter comme électeurs ou comme députés, ne doivent suivre d'autre règle que l'impulsion du gouvernement : c'est supposer et que les ministres sont infaillibles et que le fonctionnaire nommé par eux croit à leur infaillibilité aussi pleinement que le plus zélé ultramontain croit à celle du souverain-pontife. L'homme qui, suivant cette doctrine, s'engagerait à une docilité aveugle, renoncerait à sa probité non moins qu'à ses lumières. On lui propose une mesure, on lui dicte un choix : s'il les

_______________

(1) « Vendidit hic auro patriam, dominumque potentem
» Imposuit; léges fixit pretio atque refixit. »
(VIRG., *Æneid.* lib. VI, vers. 621.)

adopte de confiance, il trahit son mandat qui lui prescrit de les examiner. Il ose les discuter, il les désapprouve : s'il les repousse, il manque à sa promesse; s'il les admet, il manque à sa conscience.

Supposons une Chambre dont la majorité soit composée de fonctionnaires liés par ce funeste engagement : elle s'efforce, sans doute, d'éclairer les ministres dans la discussion ; mais elle ne se séparera point d'eux en définitive, faute d'avoir pu les convaincre ; elle n'en consacrera pas moins toutes leurs propositions... c'est-à-dire que, *de fait*, elle n'aura plus que *voix consultative*; elle ne *délibérera plus*. Le principe de la *violation passive* est donc contraire au texte et à l'esprit de la Charte.

Il n'est pas moins contraire à la morale publique. Que de facilités n'offre-t-il point à la corruption ! Combien il serait commode pour l'homme enclin à tirer de son vote un avantage personnel, de se prétendre obligé, d'honneur, à suivre la route où déjà le précipite son intérêt personnel !

VI. Quand tous les autres argumens se trouveraient sans force, les tentatives que l'on a faites pour établir la doctrine de *votation passive* justifieraient assez notre réponse à la ques-

tion : *Un député doit-il accepter des places ?*
Non.

Mais, en acceptant une place, ne suffit-il
pas que l'élu du peuple donne sur-le-champ sa
démission de député ? C'est l'usage suivi en
Angleterre... Qu'y a-t-il produit ? et qui ne
sait à quel point il a secondé le système public
de corruption, qui, depuis le ministère de
Walpole, a si souvent régi la majorité dans
le parlement britannique ?

En se soumettant aux chances de la réélection, le député démissionnaire consulte, dit-
on, le vœu de ses concitoyens. Il le consulte
quand il a quitté le poste où l'avait élevé leur
confiance, quand il ne peut plus réparer son
tort s'il en a eu un ; quand il s'est retranché
à l'abri de leur improbation, dans la place qui
paie son éloignement. N'est-il pas aussi des
momens prévus et préparés, où une réélection
isolée donnera, presque à coup sûr, un choix
ministériel ? L'homme élevé à une place mar-
quante n'aura-t-il pas lui-même plus d'influence, plus de chances pour se faire réélire ?
Que signifie, d'ailleurs, sa démission ? Que
pleinement converti au dogme d'une aveugle
docilité, il se croirait désormais obligé de voter toujours dans le sens des ministres. Certes,

rien n'empêche qu'il n'ait adopté ce dogme un jour plus tôt, et que sa nomination ne soit le prix d'une conversion anticipée, dans quelqu'une de ces occasions importantes où une voix de plus ou de moins décide de la défaite ou de la victoire.

Doit-on élire député un fonctionnaire public? La solution de cette question dépend surtout de l'opinion que se sont formées des électeurs sur celui qu'honorent leurs suffrages. S'ils le nomment, ils lui donnent un témoignage de la plus haute confiance; ils lui prouvent qu'ils croient sa probité au-dessus des séductions de sa place, de la crainte de la perdre, de l'espoir d'obtenir de l'avancement; et que le préjudice causé par son absence aux affaires particulières leur semble fort au-dessous du bien public qu'opérera sa présence dans le corps Législatif.

S'ils n'ont point cette double conviction, ils ont droit de demander au candidat fonctionnaire sa démission; et s'il la refuse, de lui refuser leurs suffrages. Cet homme, en effet, ne sent ni la dignité du poste auquel il aspire, ni l'importance des fonctions qu'il veut conserver, ni la difficulté de devenir, au besoin, l'adversaire de ceux qu'il continue de regarder comme ses supérieurs, ni les périls auxquels l'exposeront le désir d'avancer dans la carrière qu'il ne veut point abandonner, et surtout la crainte de s'en voir exclure.

Que le député indépendant renonce à accepter des places, et le député fonctionnaire à obtenir son avancement : cet engagement solennel, que les électeurs exigeront des candidats, n'a rien d'hostile : il ne se rattache point aux craintes injustes que les hommes oligarchiques voudraient nous inspirer sur les intentions du Gouvernement. Il est une conséquence simple et nécessaire de la grandeur physique et politique de la France, de l'importance des fonctions publiques ; de la nécessité de les salarier richement, et de la prérogative dévolue à un gouvernement monarchique d'en régler les nominations, l'avancement et les destitutions. Il a pour but d'offrir une double garantie au peuple et au trône : au peuple, contre le penchant naturel qu'ont les hommes en place à faire prévaloir leur opinion, et à étendre leur puissance ; au trône, contre l'oligarchie dont l'environnerait tôt ou tard une réunion de députés fonctionnaires.

L'élu du peuple y trouvera une troisième garantie : s'il est sage, il sait combien l'homme

le plus pur doit se tenir en garde contre les
secrètes insinuations de l'ambition et de la
cupidité (1); en le sauvant de ces deux enne-
mies de la vertu , son engagement le laissera
tout entier à l'indépendance de son vote et
de sa conscience.

_______________

(1) *Aut ob avaritiam , aut miserâ ambitione laborat.*